DER GROSSE FÜHRER EXPERTEN FÜR LEADERSHIP

DER GROSSE FÜHRER

EXPERTEN FÜR LEADERSHIP

DER GROSSE FÜHRER EXPERTEN FÜR LEADERSHIP

Inhalt

Kapitel 1: Das Führungsgen

Kapitel 2: Ein großartiger Führer werden

Kapitel 3: Emotionale Intelligenz in der Führung

Kapitel 4: Aufbau erfolgreicher Teams und Beziehungen

Kapitel 5: Schwierige Zeiten und Konflikte effektiv bewältigen

Kapitel 1: Das Führungsgen

Das Thema Führung und Genetik wird diskutiert und erforscht, seit es das Konzept der Führung gibt.

Die Forschungsbemühungen haben sich darauf konzentriert, die Verbindung zwischen beiden zu erforschen: Sind Führungspersönlichkeiten geboren oder gemacht? Dies wird wie ein Klischee klingen, aber bisher gilt die Genetik immer noch als ein wichtiger Faktor bei der Bestimmung der Führungsausbildung. Aber nicht alle denken gleich. Es mag etwas Wahres dran sein, aber Faktoren wie Erfahrungen und soziale Dynamik sind auch bei der Führung wichtig.

Es gibt keinen einzigen Faktor, der die Fähigkeit einer Person zur Führung bestimmt.

Jeder Faktor ist bis zu einem gewissen Grad wichtig.

Einige Wissenschaftler haben ein starkes Gefühl für genetische und biologische Faktoren und ihre Beziehung zur Führung. Das Interesse an der Verbindung zwischen Genetik und Führung wird dadurch ausgelöst, dass Menschen aus derselben Familie Führungspositionen in der Gesellschaft einnehmen.

Die Kennedys und die Bush-Familie sind zwei Beispiele dafür. Mehr als die Genetik befasst sich die Wissenschaft auch mit den biologischen und physikalischen Eigenschaften, die Führungspersönlichkeiten besitzen. Es gibt Studien, die zeigen, wie die Genetik zu den physiologischen und psychologischen Funktionen einer Person beiträgt. Diese wirken sich schließlich auf die kognitiven und Verhaltensmerkmale einer Person aus, die darüber entscheiden, ob eine Person für eine Führungsposition geeignet ist. Hormone und chemische Veränderungen im Körper beeinflussen die kognitiven Funktionen einer Person, ein sehr wichtiger Aspekt der Führung.

Wenn es um Führung geht, ist es immer eine Frage von Natur gegen Natur.

Beide sind jedoch miteinander verflochten und können nicht voneinander getrennt werden.

Führung kann nicht diskutiert werden, ohne beides gleichzeitig zu berücksichtigen.

Ein Beispiel wären die chemischen und hormonellen Veränderungen im Körper, die sich auf die Veranlagung einer Person auswirken. Die Veranlagung wirkt sich auf die Einstellung und das Verhalten aus, die bei der Führung eine große Rolle spielen.

Ein Beispiel wäre eine Person, die an einer bipolaren Störung leidet.

Menschen mit einer bipolaren Störung neigen dazu, sehr dramatische Stimmungsschwankungen zu zeigen, die leicht von Euphorie zu Depressionen führen. Es gibt mehrere Ursachen für bipolare Störungen, einschließlich vererbter Neurotransmitter. Ihre bipolaren Tendenzen werden Ihre Persönlichkeit beeinflussen, was sich auf Ihren Führungsstil auswirken wird. Das bedeutet nicht, dass bipolare Menschen keine fähigen Führungskräfte sind. Tatsächlich wurde berichtet, dass die größten Führer der Welt bipolar waren (z.B. Abraham Lincoln, Winston Churchill und Napoleon Bonaparte). Ihre dramatischen Stimmungsschwankungen können jedoch negative Auswirkungen auf ihre Führung und auf die Vertrauensbildung mit ihren Anhängern haben.

Wie bereits erwähnt, können externe (Eltern) Faktoren bei der Führung nicht ausgeschlossen werden.

Die Kennedys mögen zwar eine Familie von Führungspersönlichkeiten sein, aber man darf nicht vergessen, dass die Mitglieder dem gleichen Umfeld und den gleichen Werten ausgesetzt sind. Sie sind fast der gleichen Gruppe von Menschen und Umständen ausgesetzt. Auch wenn die Genetik eine wichtige Rolle in ihrer Führungsriege gespielt hat, kann man ihnen nicht die Tatsache nehmen, dass sie in einer gemeinsamen Umgebung gedeihen. Sie waren den gleichen Erfahrungen ausgesetzt und wurden von der gleichen Gruppe von Menschen aufgezogen, die auch die gleichen Werte teilen. Sie sind auch verpflichtet, ähnliche Ansichten zu wichtigen Fragen zu entwickeln und vielleicht den gleichen Führungsstil zu entwickeln.

Es gibt bestimmte Umfelder, die der Ausbildung von Führungskräften förderlich sind. Die Umwelt spielt eine sehr wichtige Rolle bei der Bildung der Ideale, Meinungen und Werte eines Menschen. Wenn kleine Kinder von Eltern aufgezogen werden, die ein pro-soziales Verhalten fördern, werden die Kinder aufwachsen, um irrationale Aggressionen zu überwinden und gesunde Beziehungen zu Gleichaltrigen aufzubauen. Rollenmodelle spielen eine wichtige Rolle bei der Ausbildung der Führungseigenschaften einer Person. Wenn ein Kind von Menschen mit starken Führungseigenschaften umgeben ist, wird das Kind diese Eigenschaften wahrscheinlich auch absorbieren. Ebenso sind Kinder, die von aggressiven Rollenvorbildern umgeben sind, mit größerer

Wahrscheinlichkeit aggressiv. Aggressivität und soziale Fähigkeiten sind in der Führung sehr wichtig, denn um eine effektive Führungskraft zu sein, muss der Einzelne im Umgang mit Menschen geübt sein. Führungspersönlichkeiten müssen eine Beziehung zu ihren Kollegen und Untergebenen aufbauen.

Im Allgemeinen werden viele Führungseigenschaften durch externe Faktoren geprägt.

Auch wenn behauptet wird, dass einem Menschen Führungsqualitäten innewohnen, ist es eine Tatsache, dass sich ein Mensch zu Lebzeiten weiterentwickelt. Einige Merkmale werden von anderen stärker entwickelt werden. Die Einstellung und Persönlichkeit der Person wird von den Menschen um sie herum beeinflusst. Andere Umweltfaktoren, die sich auf die Person auswirken (z.B. die politische Atmosphäre, die wirtschaftlichen Bedingungen, lebensverändernde Ereignisse), bestimmen ebenfalls die Menge der Führungseigenschaften, die sie oder er besitzen wird. Dies sind die prägenden Erfahrungen, die eine Führungspersönlichkeit hervorbringen können.

Im Zusammenhang mit den prägenden Erfahrungen steht die soziale Dynamik, der die Person unterworfen ist. Beispielsweise kann eine bestimmte Frau zwar über gute soziale Fähigkeiten und eine starke Überzeugung verfügen, aber ihre Führungsqualitäten kommen möglicherweise nicht in vollem Umfang zur Geltung, wenn sie in einer Gesellschaft lebt, in der Männer immer als Alpha-Figur betrachtet werden. Sie mag zwar über das Führungspotenzial verfügen, aber wenn sie der Meinung ist, dass Männer immer die legitimen Führer sind, kann sie ihre Führungsqualitäten vielleicht nicht in vollem Umfang zur

Geltung bringen. Die Stellung in der Familie ist auch ein Beispiel für den Einfluss der sozialen Dynamik auf die Führung. Viele erstgeborene Söhne werden oft zu Führungspersönlichkeiten geformt, obwohl sich nicht alle als gute Führungspersönlichkeiten erweisen.

Die soziale Dynamik ist bis zu einem gewissen Grad ein riesiger Faktor, ähnlich wie Genetik und prägende Erfahrungen. Alle drei tragen zur Entwicklung einer Führungskraft bei.

Manche Menschen haben vielleicht inhärente Führungsqualitäten oder auch nicht, aber Lebenserfahrungen und Beziehungen werden die Einstellung einer Person beeinflussen.

Die Führungsqualitäten können auf diesem Weg verbessert werden. Das eigene Wachstum und die eigene Entwicklung sind sicherlich entscheidend dafür, ob eine Person geeignet ist, eine gute Führungspersönlichkeit zu sein.

Die Führungsstile sind unterschiedlich, aber es muss doch gemeinsame Qualitäten geben, die großen Führungspersönlichkeiten gemeinsam sind. Die Attribute messen, ob die Führungskraft ihren Zweck gut erfüllt.

Gute Führungskräfte hinterlassen einen guten ersten Eindruck, nicht wegen ihrer Fähigkeiten und Leistungen. Obwohl sie wichtig sind, sind sie nicht das Erste, was den Menschen auffällt. Menschen fühlen sich zu Führungspersönlichkeiten hingezogen, die Charisma ausstrahlen. Charisma ist eine sehr attraktive und inspirierende Eigenschaft, die viele große Führungspersönlichkeiten besitzen. Charisma zu erkennen, ist nicht einfach, weil es nicht sofort artikuliert werden kann. Charisma ist eine Kombination aus vielen Dingen - die Art, wie eine Person steht, sich bewegt, spricht usw.

Charismatische Führer haben eine Vision (die später besprochen wird) und die Fähigkeit, diese Vision zu artikulieren. Sie müssen auch in der Lage sein, mit so vielen Menschen wie möglich auf emotionaler Ebene zu kommunizieren.

Charismatische Führungspersönlichkeiten geben anderen Menschen das Gefühl, dass sie sich auf ihre Situation beziehen können, was nicht sehr einfach ist. Manche Leute denken, dass Charisma etwas ist, das man nicht lernen kann. Für sie ist es ein inhärenter Wesenszug eines jeden Menschen. Entweder man hat es oder man hat es nicht. Aber moderne Denker sind mit dieser Mentalität nicht einverstanden. Sie sind der Meinung, dass Menschen schließlich lernen können, charismatisch zu sein, indem sie zunächst höflich, höflich und respektvoll sind. Es geht darum, "nett" und "freundlich" zu anderen Menschen zu sein.

Charismatische Führungspersönlichkeiten geben anderen Menschen das Gefühl, dass sie nicht nur in der Lage sind, ihre Situation zu verstehen, sondern sich auch auf sie beziehen können. Nicht jeder hat diese Fähigkeit, aber einige sind in der Lage, durch Alter und Zeit ein Charisma aufzubauen.

Führungsqualitäten erfordern gute soziale Kompetenz und Sensibilität für die Bedürfnisse anderer; sie bilden auch Blöcke von Charisma. Schließlich gäbe es keine Führung, wenn es keine Menschen gäbe, die führen könnten. Die Fähigkeiten der Menschen bauen auf den kleinen Dingen auf, die die Menschen nicht vergessen. Sie schätzen es zum Beispiel, dass sich neue Bekannte an ihre Namen erinnern, auch wenn sie sich nur wenige Male getroffen haben. Charisma kann sich schließlich entwickeln, solange die Person daran denkt, anderen Menschen das Gefühl zu geben, sich wohl und wichtig zu fühlen.

Führung beginnt mit Fokus und Vision. Von Führungskräften wird nicht verlangt, dass sie allwissend sind, aber sie müssen sich des Zwecks und der Vision der Organisation, die sie leiten, voll bewusst sein. Nur wenn man einen Schwerpunkt hat, kann ein starkes Engagement und Verantwortung entstehen. Darüber hinaus muss eine Führungskraft über die notwendige Kompetenz in ihrem Fachgebiet verfügen. Auch hier muss er oder sie nicht allwissend sein, aber er oder sie benötigt ausreichende Kenntnisse auf dem Gebiet, um fundierte Entscheidungen treffen zu können.

Keine Führungspersönlichkeit kann die Herausforderungen der Führung ohne Mut und Charakterstärke ertragen. Von allen Mitgliedern der Organisation können Personen, die Führungsverantwortung tragen, von nichts und niemandem beeinflusst werden. Die Führungskraft muss sich bei jedem Entscheidungsprozess an den Zweck und die Vision der Führung erinnern. Die Führungspersönlichkeit muss genug Mut haben, sich allem oder jedem entgegenzustellen, der diese Vision zu untergraben droht. Gute Führungskräfte sind auch durchsetzungsfähig, wenn es darum geht, die Arbeit zu erledigen und die Vision der Organisation zu verteidigen. Er oder sie muss durchsetzungsfähig genug sein, um die Menschen dazu zu bringen, ihre Arbeit zu tun.

Gute Führungspersönlichkeiten müssen immer kreativ und einfallsreich sein, denn in manchen Situationen müssen sie über den Tellerrand hinausschauen. Nicht alle Probleme lassen sich mit Lehrbuchformeln und bewährten Lösungen lösen. Sie müssen mutig genug sein, vom Herkömmlichen wegzugehen und bessere Wege zu finden, die Dinge zu tun.

Schließlich muss eine gute Führungspersönlichkeit viel Leidenschaft und ein Gefühl der Berechtigung haben.

Führung ist kein leichtes Unterfangen, und wenn eine Führungspersönlichkeit versucht, ihre Pflichten ohne Leidenschaft zu erfüllen, ist sie möglicherweise nicht in der Lage, Herausforderungen zu bestehen.

Führung ist eine Achterbahnerfahrung, und ohne Leidenschaft kann es für die Führungskraft schwierig sein, die Schwierigkeiten zu akzeptieren. Was das Gefühl der Knechtschaft betrifft, so können Führungspersönlichkeiten nicht führen, wenn sie nicht wissen, was es heißt zu dienen. Darüber hinaus besteht der Zweck des Führers darin, der Organisation zu dienen und nicht nur den Menschen Befehle zu erteilen.

In den folgenden Kapiteln werden wir uns damit befassen, was eine große Führungspersönlichkeit ausmacht und wie dieser Status trotz aller Herausforderungen erreicht werden kann.

Sie werden dem Leser auch helfen, seine derzeitigen Führungsqualitäten zu verbessern und ihm eine Vorstellung davon vermitteln, was ihn als Führungskraft erwartet

Kapitel 2: Ein großartiger Führer werden

Verschiedene Führungspersönlichkeiten haben unterschiedliche Führungsstile, aber sie alle müssen lernen, mit der menschlichen Natur umzugehen. Angesichts der Vielfalt der menschlichen Natur ist dies keine so leichte Aufgabe. Große Führungspersönlichkeiten haben die Fähigkeit, unterschiedliche Haltungen und Persönlichkeiten zu verstehen und mit ihnen zu arbeiten. Um eine effektive Führungskraft zu sein, muss man feine soziale Fähigkeiten entwickeln, um mit verschiedenen Arten von Menschen umgehen zu können. Menschenkenntnis ist entscheidend, um Menschen zu befähigen, was eine Hauptaufgabe der Führung ist.

Die Autorin hat zwei Hauptfaktoren ausgewählt, die im Zusammenhang mit Empowerment diskutiert werden sollen. Die erste, das Einfühlungsvermögen, ist entscheidend für die Schaffung offener Kommunikationslinien zwischen den Menschen in einer Organisation. Die zweite, die Motivation, ist wichtig, damit ein Team produktiv sein kann.

Einfühlungsvermögen

Eine gute Führungskraft muss lernen, sich in die Menschen, mit denen sie arbeiten wird, einzufühlen. Einfühlungsvermögen ist die Fähigkeit eines Menschen, Sorge und Verständnis für die Perspektiven anderer zu zeigen. Einfühlungsvermögen sollte nicht mit Sympathie verwechselt werden. Wenn man mit anderen sympathisiert, identifiziert man sich mit ihnen bis zu dem Punkt, dass man mit den Handlungen und Plänen der Person einverstanden ist. Empathie ist keine Zustimmung zu einer Person.

Einfühlungsvermögen ist die Fähigkeit, sich in die Lage eines anderen Menschen hineinzuversetzen und seine Gedanken und Gefühle zu verstehen.

Einfühlungsvermögen bedeutet nicht, immer mit der Person einverstanden zu sein. Empathie bedeutet nur, den Standpunkt einer Person zu verstehen, auch ohne Ratschläge zu geben. Eine effektive Führungspersönlichkeit muss Einfühlungsvermögen für andere Menschen zeigen.

Sie ist entscheidend für den Aufbau von Vertrauen und die Stärkung der Beziehungen zwischen den Menschen.

Die Produktivität steigt, wenn Menschen, die zusammenarbeiten, eine gesunde Beziehung miteinander teilen. Einfühlungsvermögen ermöglicht es Führungskräften, sich mit den Ursachen für schlechte Leistungen auseinanderzusetzen, ohne kritisch zu sein. Indem sie sich in die Lage anderer Menschen versetzen, können sie das Leben der Menschen besser verändern.

Empathie spielt eine sehr wichtige Rolle bei der Befähigung der Menschen. Sie müssen nicht mit jedem einzelnen Standpunkt übereinstimmen, aber als Führungskraft müssen Sie den Menschen um Sie herum erkennen lassen, dass Sie sie verstehen und wissen, woher sie kommen. Wenn Sie auf Menschen zugehen, lassen Sie Ihre Gedanken nicht gleich durch das Urteilsvermögen getrübt werden. Einfühlungsvermögen zu zeigen braucht Zeit, denn es ist nicht immer leicht zu verstehen, warum Menschen so denken und fühlen, wie sie es tun.

Indem Sie eine Umgebung schaffen, in der sich Menschen wohl fühlen, ihre Meinungen und Gedanken auszudrücken, können Sie sich für ein einfühlsames Zuhören öffnen.

Wenn Sie mit Menschen sprechen, versichern Sie dem Redner, dass Sie seine volle Aufmerksamkeit haben. Wenn Menschen dabei sind, sich ihren Problemen anzuvertrauen, fühlen sie sich wohler, wenn ihnen die volle Aufmerksamkeit zugesichert wird. Hören Sie dem Redner mit offenem Geist und Herz zu. Widerstehen Sie der Versuchung, ihn oder sie zu verurteilen. Das kann anfangs schwierig sein, weil Vorurteile fast unvermeidlich sind, aber das Bewusstsein, dass Sie Ihre eigenen Vorurteile haben, sollte Ihnen helfen, nicht gleich Urteile zu fällen.

Vermeiden Sie es, den Redner ständig zu unterbrechen, auch wenn Sie sich über etwas sehr aufgeregt sind. Fürchten Sie sich nicht vor Schweigeminuten. Nachdem der Redner seine Gedanken geäußert hat, erlaubt ihm eine kurze Pause, sich einen Überblick über die Situation zu verschaffen und seine eigene Lösung zu finden. Hören Sie während des

Sprechens nicht nur auf die Worte, die aus dem Mund kommen.

Geben Sie den Emotionen, die diese Worte begleiten, einen Sinn. Mehr als Worte müssen Sie in der Lage sein, auf die Emotionen des Redners einzugehen. Bitten Sie relevante und vernünftige Personen, dem Redner zu versichern, dass sie interessiert sind und verstehen wollen. Oft wird der Redner sich mit bloßer Anstrengung und Geste wohler fühlen.

Motivation

Zu einer guten Führung gehören sicherlich überlegene Motivationsfähigkeiten. Zur Befähigung von Menschen gehört es auch, sie zu motivieren und in Bewegung zu bringen. Als Führungskraft ist es wichtig zu wissen, was die Menschen um Sie herum motiviert.

Es versteht sich von selbst, dass Motivation Hand in Hand mit Empathie geht. Jeder Mensch hat andere Bestrebungen, Träume und Interessen. Eine gute Führungskraft muss diese ausnutzen, um jedes Mitglied der Gruppe in Bewegung zu bringen. Menschen arbeiten aus vielen Gründen - Einkommen, persönliche Erfüllung, Wachstum usw.

Der Leiter sollte sich bemühen, mit seinen Teammitgliedern individuell zu sprechen, um die Quelle(n) der Motivation jeder Person herauszufinden.

Das allgemeine Missverständnis der meisten Führungskräfte ist, dass alle Teammitglieder von den gleichen Faktoren motiviert werden. Einige Mitglieder mögen die gleichen Bestrebungen teilen, aber es gilt nicht immer für alle. Motivation kann sehr persönlich sein, so dass es für unerfahrene Führungskräfte schwierig ist, jedes einzelne

Mitglied des Teams zu motivieren. Wenn es um Motivation geht, gibt es keine "Einheitsgröße für alle".

Die häufigsten Formen der Motivation kommen von innen, auch als interne Motivation bekannt. Die Motivation kommt von innen, deshalb müssen die Führungskräfte gute Kommunikationslinien mit ihren Mitgliedern aufrechterhalten, um zu bestimmen, was jedes Teammitglied motiviert. Es gibt externe Faktoren, die eine Person motivieren, aber diese Faktoren müssen auch mit den internen Motivationsfaktoren harmonieren. In einer Büroorganisation wäre die häufigste Motivation das Gehalt, aber gute Führungskräfte wissen, dass etwas, das tiefer liegt als Geld, die Menschen motiviert. Warum sind Menschen zum Beispiel darauf erpicht, Geld zu verdienen, haben sie eine Familie zu ernähren oder sparen sie für die Schule? Diese Motivationen sind etwas, das eine Führungskraft im persönlichen

Gespräch mit den Teammitgliedern erkunden kann. Menschen sind motiviert, wenn sie sich ganz persönliche Ziele setzen, abgesehen von dem Ziel, das in der Organisation erreicht werden soll.

Der Mensch ist nicht statisch. Sie gedeihen durch ständige Herausforderung und Ermutigung. Den Menschen müssen Aufgaben übertragen werden, die immer schwieriger, aber immer noch erreichbar sind. Ihre Aufgaben sollten sie stolz darauf machen, dass sie Herausforderungen, ob klein oder groß, gemeistert haben. Ihre Aufgaben sollten herausfordernd, aber erreichbar sein. Geben Sie ihnen ein ständiges Feedback zu ihrer Leistung, um ihnen ein Erfolgserlebnis und einen Einblick in ihre Leistung zu geben. Eine der einfachsten Quellen der Motivation sind Lob und Anerkennung. Menschen sind motivierter zu arbeiten, wenn ihre Leistungen und Bemühungen anerkannt werden. Allerdings muss man mit der

Anerkennung vorsichtig sein. Erkennen Sie die Leistungen einer Person an, aber tun Sie dies nicht in einer Weise, die Neid und ungesunde Konkurrenz unter den Kollegen hervorruft.

Im Zusammenhang mit Herausforderungen ist eine weitere Quelle der Motivation für viele Menschen eine Aufgabe, die ihren Wissensdurst stillt. Die Menschen müssen einer Umgebung ausgesetzt werden, in der ihre Neugierde befriedigt wird. Machen Sie ihr Arbeitsumfeld interessanter, um Neugierde zu wecken und das Lernen zu fördern.

Eine Führungskraft muss ständig herausfinden, was die Teammitglieder motiviert, als Gruppe und als Einzelpersonen. Gute Führungspersönlichkeiten fragen ihre Mitglieder nicht einfach direkt, was sie motiviert, denn nicht jeder merkt das sofort.

Vielmehr müssen gute Führungskräfte die Werte jedes Einzelnen erforschen.

Dadurch erhalten sie eine persönlichere Sicht auf ihr Leben, wodurch es leichter wird, herauszufinden, was sie motiviert.

Erlauben Sie jedem Teammitglied, seine eigenen Ziele zu setzen, und erinnern Sie sie nur gelegentlich daran, ihre Ziele im Einklang mit dem kollektiven Ziel der Organisation zu gestalten. Dies wird ihnen ein Gefühl der Kontrolle über ihr Leben vermitteln, was für viele Menschen ein sehr wichtiger Motivationsfaktor ist. Wenn man ihnen die Möglichkeit gibt, sich eigene Ziele zu setzen, können sie sich genauer ansehen, wie sich ihr Handeln auf ihre eigenen Ziele auswirkt.

Sie können auch Gruppenarbeit oder Teamarbeit als Motivationsfaktoren nutzen. Diese sind effektiv für Menschen, die gerne in Gruppen arbeiten. Dies wird die Zusammenarbeit und die Beziehungen im Team verbessern. Hinzu kommt, dass Menschen eher motiviert sind, wenn sie wissen, dass ihre eigenen Handlungen das Wohlergehen anderer beeinträchtigen. Die Zusammenarbeit wird mehr bewirken und die Beziehungen zwischen den Mitgliedern stärken.

Gute Führungskräfte wissen auch, wie man ein wettbewerbsfähiges Umfeld schafft, um die Menschen zu motivieren. Diese Taktik wird in fast jeder Art von Organisation angewendet. Ein gesunder Wettbewerb steigert die Produktivität der Menschen, weil der Gewinn eines Wettbewerbs einem Menschen das Gefühl gibt, etwas erreicht zu haben. Effektive Führungskräfte werden lernen, Wettbewerb zu nutzen, um alle Teammitglieder zu motivieren.

So weit wie möglich sollten die Führungspersönlichkeiten jedes Mitglied ermutigen, gegen seine eigene Leistung anzutreten (auch wenn sie mit anderen konkurrieren). Führungspersönlichkeiten müssen auch im Angesicht einer Niederlage sicherstellen, dass sich der Wettbewerb lohnt. Führungspersönlichkeiten müssen sich davor hüten, ihr Team in einen Machtkampf zu verwickeln, in dem jedes Mitglied zum Manipulierer der anderen wird, nur um einen Wettbewerb zu gewinnen.

Wie bereits erwähnt, haben verschiedene Menschen unterschiedliche Motivationen.

Deshalb muss zu jedem Mitarbeiter eine persönliche Beziehung gepflegt werden, um die verschiedenen Faktoren zu testen, die ihn motivieren könnten. Beispielsweise sind einige Menschen durch Wettbewerb motiviert, während andere unter Druck nicht gut arbeiten. Es könnte ein "Hit-or-Miss"-Prozess sein, aber schließlich werden Sie die Motivation jeder Person finden. Halten Sie die Kommunikationswege offen, wie jeder Einzelne auf Motivationsfaktoren reagiert.

Erhalten Sie regelmäßiges Feedback und sorgen Sie dafür, dass Ihre Teammitglieder motiviert sind.

Es ist auch wichtig, Ihre Mitglieder auf Anzeichen von Demotivation zu beobachten. Befreien Sie die Büroräume so weit wie möglich von jeglichen demotivierenden Faktoren. Pflegen Sie eine gesunde Beziehung zwischen Ihnen und Ihren Mitgliedern. Sie sollten auch darauf achten, dass die Mitglieder harmonische Beziehungen untereinander pflegen. Menschen sind produktiver, wenn sie ein gutes Verhältnis zu ihren Führungskräften und Kollegen haben.

Stellen Sie schließlich sicher, dass kollektive und individuelle Ziele erreicht werden.

Zusammenfassend lässt sich sagen, dass es bei der Führung und Befähigung von Menschen darum geht, ihre tiefsten Wünsche zu verstehen und ihnen zu helfen, Ziele zu setzen, die auch mit dem kollektiven Ziel der Organisation übereinstimmen. Für eine Führungskraft ist es sehr wichtig, ihren Mitgliedern zu versichern, dass sie einer Organisation angehören, in der sogar ihre persönlichen Ziele und Bestrebungen hoch geschätzt werden.

Kapitel 3: Emotionale Intelligenz in der Führung

Führung kann nicht stattfinden, wenn die Führungskraft nicht über genügend emotionale Intelligenz verfügt. Eine Führungspersönlichkeit mit ausreichender emotionaler Intelligenz kann schwierige Führungsherausforderungen bewältigen, denen nicht viele Menschen gewachsen sind.

Studien der letzten Jahre deuten darauf hin, dass Menschen mit hoher emotionaler Intelligenz besser in der Lage sind, mit organisatorischen Konflikten effektiver und schneller umzugehen. Vorbei sind die Zeiten, in denen reiner Intellekt schnell mit gutem Führungspotenzial gleichgesetzt wurde.

Emotionale Intelligenz ist die Fähigkeit eines Menschen, sowohl seine eigenen Emotionen als auch die Emotionen anderer zu erkennen und mit ihnen umzugehen. Emotionen können aufgrund von hormonellen Veränderungen, Stress und unerwarteten Situationen, die auftreten, schwanken, aber das richtige Maß an emotionaler Intelligenz wird einer Person helfen, mit emotionalen Veränderungen effektiv umzugehen.

Menschen haben unterschiedliche Persönlichkeiten, Bedürfnisse und Vorlieben. Ebenso haben Menschen unterschiedliche Arten, mit Situationen umzugehen und ihre Gefühle auszudrücken. Für den Umgang mit verschiedenen Persönlichkeiten ist eine starke emotionale Intelligenz erforderlich. Menschen können gleichzeitig verschiedene Emotionen empfinden, und in den meisten Fällen besteht die Herausforderung darin, mit den verschiedenen Emotionen der Menschen umgehen zu können, ohne

Konflikte zu verursachen und Beziehungen zu belasten.

Wenn eine Person über genügend emotionale Intelligenz verfügt, ist sie in der Lage, ihre eigenen Emotionen zu erkennen und zu erkennen, wie sie sich auf die Menschen um sie herum auswirken.

Emotionale Intelligenz ist auch die Fähigkeit einer Person zu verstehen, wie eine andere Person fühlt. Es versteht sich von selbst, dass emotionale Intelligenz im Umgang mit Beziehungen notwendig ist.

In einer Organisation neigen Menschen, die länger bleiben, zu hoher emotionaler Intelligenz. Tatsächlich wird eine hohe emotionale Intelligenz gegenüber Menschen mit hohem IQ, aber niedriger emotionaler Intelligenz bevorzugt.

Es ist einfach, mit Menschen mit hoher emotionaler Intelligenz im Vergleich zu Menschen mit niedriger emotionaler Intelligenz zu arbeiten. Eine hohe emotionale Intelligenz ermöglicht es Menschen, durch die Pflege guter Beziehungen etwas zu erreichen. Sie können sich auch in Stresssituationen über Wasser halten. Emotional intelligente Menschen sind nicht immun gegen Erregung oder Stress. Sie können die Situation jedoch leicht kontrollieren und so ruhig wie möglich nach einer Lösung suchen. Daher sind sie gezwungen, gute Entscheidungen zu treffen, weil sie im Entscheidungsprozess mit ihren Emotionen gut umgehen.

Weil emotional intelligente Menschen vernünftig sind, denken sie weder zu hoch noch zu niedrig von sich selbst. Sie kennen ihre Stärken und Schwächen. Sie setzen ihre Stärken ein, wenn es nötig ist, zeigen sie aber nicht im Übermaß. Ebenso sind sie bescheiden genug, um sich selbst ehrlich zu betrachten und ihre Schwächen zu erkennen. Emotional intelligente Menschen erliegen nicht so leicht der Kritik. Sie können Kritik objektiv aufnehmen und sie zur Verbesserung ihrer Leistung nutzen.

Emotional intelligente Menschen sind gute Teamplayer, weil sie sich ausschließlich auf ihren eigenen Erfolg konzentrieren. Menschen mit hoher emotionaler Intelligenz suchen den Erfolg für die ganze Gruppe und sind bereit, ihre eigenen Interessen und Launen für das ganze Team zu ändern. Sie sind gute einfühlsame Zuhörer mit der Fähigkeit, die Emotionen und Gefühle der Menschen zu lesen. Sie urteilen auch nicht sofort. Sie versuchen, sich in die Lage anderer Menschen hineinzuversetzen, bevor sie eine Lösung für einen Konflikt in Beziehungen finden.

Die oben genannten Eigenschaften machen emotional intelligente Menschen gut im Umgang mit Menschen und Beziehungen.

Emotionale Intelligenz und Führung

Sicherlich sind feine und außergewöhnliche Fähigkeiten ein wertvolles Kapital in einer Organisation. Es ist schwierig, eine Person mit schamloser Brillanz und brillantem Talent zu ignorieren. Die Kriterien für eine gute Führungskraft gehen jedoch über Fähigkeiten und Talent hinaus. Um in einer Organisation zu bleiben, braucht eine Person viel emotionale Intelligenz. Das ist sehr zutreffend, insbesondere wenn die Person danach strebt, eines Tages eine Organisation zu leiten. Der Leiter hat viele Verantwortlichkeiten, die mehr als nur Fähigkeiten und Talent erfordern. Alle Verantwortlichkeiten, die mit einer Führung einhergehen, können nur dann gut ausgeführt werden, wenn die Führungskraft mit emotionaler Intelligenz ausgestattet ist.

Führung ist eine soziale Aktivität. Führungskräfte müssen ihre emotionale Intelligenz kontinuierlich fördern, um mit verschiedenen Typen von Persönlichkeiten in einer Organisation umgehen zu können.

Emotionale Intelligenz wird gewöhnlich mit "Menschenkenntnis" gleichgesetzt. Bei der emotionalen Intelligenz geht es nicht nur um die Fähigkeiten des Menschen, obwohl eine Menge emotionaler Intelligenz erforderlich ist, um die Fähigkeiten des Menschen zu schärfen. Führung erfordert die Bildung und Pflege von Beziehungen zu verschiedenen Persönlichkeiten. Nur eine Führungskraft mit hoher emotionaler Intelligenz kann starke Beziehungen zu seinem Team aufbauen und aufrechterhalten.

Eine hohe emotionale Intelligenz ermöglicht es einer Führungskraft, mit verschiedenen Persönlichkeiten in Beziehung zu treten und dennoch jedes Teammitglied zur Erfüllung des Ziels der Organisation zu motivieren.

Führung erfordert emotionale Intelligenz, insbesondere in Zeiten von Konflikten und Druck. Konflikte und Probleme entstehen aus allen möglichen Blickwinkeln. Interne Konflikte können dadurch entstehen, dass Menschen in der Organisation miteinander kämpfen.

Um mit solchen Problemen umzugehen, braucht eine Führungspersönlichkeit emotionale Intelligenz, um die Emotionen unter Kontrolle zu halten. In Zeiten extremen Drucks müssen Führungskräfte in der Lage sein, explosive Ausbrüche zu vermeiden. Eine gute Führungspersönlichkeit muss in der Lage sein, die Dinge ins rechte Licht zu rücken, anstatt emotionalen Ausbrüchen zu erliegen. Die Leitung eines Teams aus verschiedenen Persönlichkeiten ist dann möglich, wenn eine Führungskraft über die richtige Menge an emotionaler Intelligenz verfügt. Ein einfühlsamer Leiter, der auf alle Teammitglieder Rücksicht nimmt, verfügt über genügend emotionale Intelligenz, um problematische Mitglieder der Organisation zu konfrontieren, ohne Beziehungen zu zerbrechen. Emotionale Intelligenz auf der Seite der Führungskraft ermöglicht es ihr, dem problematischen Mitglied zu helfen, seine Gefühle auf gesunde Weise auszudrücken.

Entscheidungsfindung ist eine weitere Führungsaufgabe, die eine immense emotionale Intelligenz erfordert. Es wird viele Faktoren geben, die die Entscheidung einer Führungskraft beeinflussen, darunter externe Faktoren, Kritik und unvorhergesehene Situationen.

Eine Führungspersönlichkeit mit emotionaler Intelligenz wird den gesunden Menschenverstand haben, das Für und Wider jeder Situation abzuwägen, bevor sie eine Entscheidung trifft.

Führungspersönlichkeiten mit emotionaler Intelligenz haben die Fähigkeit, schnelle, gut durchdachte Entscheidungen zu treffen. Führungspersönlichkeiten müssen emotional intelligent sein, um unabhängige Entscheidungen treffen zu können, ohne sich von unnötigen Faktoren beeinflussen zu lassen.

Emotionale Intelligenz ist erforderlich, um Stärken und Schwächen, insbesondere die eigenen, klar und objektiv zu erkennen. Führungspersönlichkeiten brauchen einen guten Blick auf ihre Stärken und Schwächen, um eine Entscheidung zu treffen und sie schließlich auch durchzusetzen.

Übung und Verbesserung der emotionalen Intelligenz für die Führung

Die emotionale Intelligenz kann sich mit der Zeit entwickeln und verbessern. Einer der ersten Schritte wäre die Einübung des Selbstbewusstseins im Umgang mit Stress.

Das Erkennen der verschiedenen Emotionen, die man empfindet, wenn man unter Druck und Stress steht, wird den Umgang mit ihnen erleichtern. Wenn man sich der verschiedenen Emotionen bewusst ist, die durch den Kopf einer Person laufen, wird sie diese Emotionen leicht verstehen, bevor sie ihre Gedanken, Worte und Handlungen dominieren. Bei der Selbsterkenntnis geht es darum, die eigenen Gefühle und Gedanken zu erkennen, aber sie kann mit Hilfe anderer entwickelt werden. Bitten Sie die Menschen in Ihrer Umgebung - Vorgesetzte, Kollegen usw. - um Feedback. Es ist auch wichtig, Feedback von anderen Menschen zu erhalten, um die Auswirkungen Ihrer Emotionen und Handlungen auf andere Menschen zu erkennen. Dies ist wichtig, um die Dynamik und die Beziehungen der einzelnen Mitglieder zu verbessern. Wenn der Leiter oder die Leiterin Selbsterkenntnis üben kann, kann er oder sie mit gutem Beispiel für das ganze Team vorangehen.

Teil des Selbstbewusstseins ist es, seine Stärken und Schwächen zu kennen. Man kann nicht zu bescheiden sein, um seine Stärken herunterzuspielen; das ist schlicht falsche Demut. Eine emotional intelligente Führungspersönlichkeit muss verstehen, wie wichtig es ist, Bemühungen anzuerkennen, ohne zu protzen. Auf der anderen Seite kann man nicht zu arrogant sein, wenn es um Errungenschaften und Stärken geht. Eine vollständige Selbsteinschätzung der eigenen Stärken und Schwächen erfordert Mut und Ehrlichkeit. In Bezug auf die Selbstwahrnehmung kann man auch damit beginnen, die emotionale Intelligenz durch Selbstreflexion zu verbessern. Achten Sie darauf, wie Sie auf bestimmte Situationen reagieren, insbesondere auf Stresssituationen:

Brechen Sie leicht mit einem Angriff zusammen? Schlagen Sie Ihre Kollegen leicht? Das sind die Dinge, die Sie bewerten müssen, weil sie alle Teil Ihrer emotionalen Intelligenz sind.

Die Verbesserung Ihrer emotionalen Intelligenz bedeutet, Ihre Schwelle für Stresssituationen zu erweitern, sei es ein interner Konflikt in der Organisation oder ein großer Arbeitsaufwand. Diese Dinge fordern wirklich ihren Tribut von einem Menschen, aber es sind tatsächlich Dinge, die die emotionale Intelligenz eines Menschen bestimmen. Eine Führungspersönlichkeit, der es an emotionaler Intelligenz mangelt, wird weggehen und diesen Herausforderungen erliegen. Schwenken Sie inmitten all dieser Herausforderungen nicht einfach sofort die weiße Fahne. Geben Sie in Stresssituationen nicht auf, ohne darüber nachzudenken. Lernen Sie, sich Ihrer eigenen Gedanken angesichts dieser Situationen bewusst zu werden und sie zu kontrollieren. Bringen Sie Ihre Emotionen in Ordnung und distanzieren Sie sich von ihnen, damit Sie die Dinge ins rechte Licht rücken können. Fragen Sie sich: "Was kann ich tun und was kann ich nicht tun?" Betrachten Sie das Problem im Hinblick auf die Lösungen, die Sie anbieten können, und lassen Sie die Dinge los, für die es keine Lösungen gibt. Konzentrieren Sie Ihre Energien auf die Dinge, die sich beheben lassen.

Wenn Sie mit problematischen Kollegen und Mitarbeitern zu tun haben, lassen Sie sich nicht von Ihren Emotionen bei Ihren Entscheidungen und Handlungen leiten. Meistens wird eine Karriere durch mangelhafte Beziehungen zu Kollegen und Untergebenen zerstört. Führen Sie keine persönlichen Hetzreden gegen die Person. Wenn Sie dazu neigen, sofort zu explodieren, gehen Sie zuerst von dem Problem weg und lassen Sie Ihrer Wut freien Lauf, ohne auf die Person einzuschlagen. Welcher Teil des

Problems ist die Schuld der Person? Gibt es etwas, das in ihrem Namen hätte getan werden können? Sind andere Personen beteiligt? Konzentrieren Sie sich nicht zu sehr auf die Person. Gehen Sie stattdessen das Problem an. Wenn Sie die Dinge ins rechte Licht gerückt haben, sprechen Sie mit der Person, aber hören Sie sich zuerst ihre Seite an. Hören Sie sich ihre Standpunkte ohne Vorurteile, Urteile und Stereotypen an. Einfühlungsvermögen ist in dieser Zeit sehr wichtig. Es ist wichtig als Führungskraft, insbesondere wenn Sie Entscheidungen bezüglich Ihrer in den Konflikt involvierten Teammitglieder treffen.

Selbst wenn eines der Teammitglieder schuldig ist, ist es Ihre Aufgabe als Führungskraft, dafür zu sorgen, dass der Schuldige seine Fehler eingesteht, ohne sich verurteilt zu fühlen. Dies ist ein Indikator dafür, wie viel emotionale Intelligenz eine Führungskraft hat.

Kapitel 4: Aufbau erfolgreicher Teams und Beziehungen

Wenn Sie erfolgreiche Beziehungen zu Ihrem Volk aufbauen wollen, müssen Sie in der Lage sein, sich selbst als mehr als nur eine Person mit Autorität zu präsentieren. Die Menschen müssen Sie respektieren, nicht fürchten. Im vorangegangenen Kapitel wurden Empathie und emotionale Intelligenz ausführlich diskutiert. Diese beiden müssen Sie nutzen, um eine stabile Grundlage für Ihre Beziehungen zu Ihren Teammitgliedern zu schaffen. Es beginnt auch damit, ein gutes Verhältnis zu sich selbst zu haben. Das bedeutet, dass Sie sich selbst, Ihre Stärken und Schwächen, Ihr Verbesserungspotenzial und Ihre Reaktion in verschiedenen

Situationen kennen lernen müssen. Wenn Sie erst einmal mit Ihrer Persönlichkeit vertraut sind, wäre der Umgang mit den Persönlichkeiten anderer Menschen überschaubar.

Darüber hinaus besteht ein Teil des Aufbaus einer erfolgreichen Beziehung zu Ihrem Team darin, herauszufinden, was jeden von ihnen motiviert, damit sie produktiver sein können und schließlich von sich aus persönliches Wachstum und Erfüllung finden.

Zu den Aufgaben des Leiters gehört es, die gesamte Organisation ständig produktiv zu machen. Produktivität ist sicherlich wichtig in einer Organisation, die einen wettbewerbsfähigen und erfolgreichen Vorteil anstrebt. Die Produktivität beruht auf individueller und Teamarbeit, die beide durch Teambildung gefördert werden können. Die Teambildung soll eine Gruppe von Einzelpersonen hervorbringen, die bei der Ausführung verschiedener Aufgaben zusammenarbeiten. Die Durchführung dieser Aufgaben erfordert Vertrauen und eine starke Teamdynamik.

Was macht ein Team stark? Ein starkes Team muss ein gemeinsames Ziel haben. Ein Team kann sich aus Mitgliedern zusammensetzen, die verschiedene Funktionen ausüben, aber sie müssen immer ein primäres Ziel haben, um sich als Team bezeichnen zu können. Die Teammitglieder sollen die ihnen zugewiesenen Aufgaben erfüllen, aber sie müssen sich in gewissem Maße auf andere Mitglieder verlassen, um das gemeinsame Ziel zu erreichen. Sie werden sich gegenseitig helfen, wenn dies zur Erreichung der gemeinsamen Ziele erforderlich ist. Auch wenn sie individuelle Ziele haben, sollten ihre individuellen Ziele mit den gemeinsamen Zielen in Einklang gebracht werden. Die Zusammenarbeit muss zu jeder Zeit in jedem Mitglied des Teams verwurzelt sein.

Teambildungssitzungen sollten die Ziele des Teams festlegen, die Probleme erkennen, die das Team daran hindern, diese Ziele zu erreichen, und Wege vorschlagen, wie das gesamte Team diese Ziele erreichen kann. Es gibt Richtlinien für die Einrichtung von Teambildungssitzungen, aber wie jede Sitzung gestaltet wird, hängt immer noch von der Größe und Art der Organisation ab. Beispielsweise neigen projektbezogene Teams dazu, ihre Zusammensetzung ständig zu ändern. Unter diesen Umständen sollten sich die Teambildungsaktivitäten auf die Fähigkeiten jedes Einzelnen konzentrieren, die ihn in die Lage versetzen, ein effektives Teammitglied zu werden. In einem Team, in dem die Mitglieder relativ beständig sind, wird sich der Schwerpunkt darauf verlagern, wie jedes Teammitglied zu den anderen steht. Wie sich die Teammitglieder zueinander verhalten, wird sich direkt auf ihre Produktivität auswirken. Daher sollte die Art des Teams untersucht werden, bevor eine Teambildungssitzung konzipiert wird.

Das Ziel der Planung für die Teambildung sollte darin bestehen, jedem Teammitglied die Ernsthaftigkeit seiner Aufgaben bewusst zu machen. Jedes Mitglied sollte auch wissen, warum er oder sie an der Organisation teilnimmt. Am Ende der Teambildung sollten sie an ihren Zweck in der Organisation erinnert werden.

Achten Sie bei der Planung von Teambildungsaktivitäten darauf, dass es Aktivitäten gibt, die mit den Aufgaben zusammenhängen, die Menschen normalerweise ausführen. Es muss sich nicht um eine rein technische Fertigkeit handeln, sondern um Aktivitäten, die die Teamdynamik fördern und gleichzeitig ihre Fähigkeiten einsetzen. Beispielsweise können Marketing-Führungskräfte an einer Teambuilding-Aktivität teilnehmen, bei der sie sich in Teams organisieren und einen bestimmten Geldbetrag erhalten, um bestimmte Dinge zu kaufen. Sie müssen das Budget anpassen, ohne die Qualität ihrer Artikel und die Zeitvorgaben zu beeinträchtigen. Am Ende müssen die Teilnehmer erkennen, dass sie wie ihre Kunden denken müssen.

Darüber hinaus wird die Arbeit an dieser Aktivität in Gruppen ein produktives Brainstorming fördern.

Teambildungsaktivitäten sollten sich auch auf die Konfliktlösung konzentrieren. Obwohl dafür ein eigenes Kapitel vorgesehen ist, lohnt es sich, die Konfliktlösung unter dem Gesichtspunkt der Teambildung zu diskutieren. Verschiedene Arten von Konflikten werden die Teammitglieder plagen und ihre Beziehung bedrohen. Jedes Mitglied muss mit den für den Umgang mit Konflikten erforderlichen Fähigkeiten ausgestattet sein, um eine harmonische Beziehung zwischen ihm selbst, seinen Führungskräften und den Menschen, mit denen es regelmäßig zu tun hat, zu gewährleisten.

Ein Konflikt ist nicht der totale Ruin einer Organisation. Sie kann die Generierung brillanter Ideen und die Stärkung von Beziehungen erleichtern, solange der Konflikt gut bewältigt wird.

Einer der sinnvollsten Wege, Konflikte zu bewältigen, ist die Verbesserung der Kommunikationslinien zwischen den Mitgliedern der Organisation. Vielleicht möchten Sie Ihr Team in Paare aufteilen und jedes Paar Rücken an Rücken stehen lassen. Eine Person sollte Papier und Bleistift halten, während die andere Person ein Bild auf eine (bestimmte oder abstrakte) Weise hält. Die Person, die das Bild hält, sollte der Person, die das Bild hält, die Form mit Bleistift und Papier beschreiben und dabei so viele Details wie möglich angeben. Die Paare werden zeitlich begrenzt. Sobald der Timer ausgeschaltet ist, sollten die Paare ihre Darstellung mit der ursprünglichen Form vergleichen: Wie hat die Person mit dem Bild die Form beschrieben, war sie gut beschrieben, hat die Person mit Papier und Bleistift das Bild genau genug gezeichnet, gab es Kommunikationsprobleme? Dies sind die Fragen, mit denen sich die Konfliktlösung befassen sollte.

Konflikte entstehen oft aus mangelndem Vertrauen, ein großer Killer für den Teamgeist. Wenn Sie ein Teambildungsseminar in einem großen Raum durchführen, können Sie diese Aktivität durchführen. Verteilen Sie dazu Objekte mit Hindernissen (z.B. Kegel, Stühle, Kisten, Blöcke, Tische) im Raum. Ordnen Sie das Team wieder paarweise zu.

Nehmen Sie als Führungskraft zur Kenntnis, dass diese Aktivität auf die Lösung von Vertrauensfragen ausgerichtet ist.

Daher sollten Sie vielleicht zwei Personen zusammenfassen, die Schwierigkeiten haben, einander zu vertrauen. Beugen Sie eine Person blind und halten Sie die andere Person aus der "Hinderniszone" fern. Stellen Sie die Person mit verbundenen Augen in die Mitte des Bereichs und lassen Sie die andere Person der Person mit verbundenen Augen Anweisungen geben, wie sie aus diesem Bereich herauskommt. Die Person mit verbundenen Augen kann unter keinen Umständen sprechen oder sprechen. Die Person mit verbundenen Augen sollte Hindernisse auf ihrem Weg nach draußen vermeiden. Lassen Sie jedes Paar vor dem Start einige Minuten strategisch planen, aber nur darüber, wie man während des Spiels kommuniziert. Lassen Sie sie das Gebiet nicht sehen.

Führungspersönlichkeiten sollten Solidarität fördern, auch außerhalb von Teambildungssitzungen. Als Führungskraft müssen Sie in der Lage sein, zu erkennen, ob es irgendwelche Barrieren gibt, die Menschen daran hindern, zusammenzuarbeiten. Einige Teams, insbesondere große, neigen dazu, sich in kleine Gruppen und Teams aufzuteilen. Führungskräfte müssen in der Lage sein, diesen Dingen nachzugehen und die Ursache zu erkennen, sei sie nun unbedeutend oder schwerwiegend. Manchmal kann die Ursache so unbedeutend sein wie unterschiedliche Kleiderordnungen der Abteilungen. Wenn dies die Ursache des Konflikts ist, sollte allen Teammitgliedern eine Kleiderordnung auferlegt werden.

Dieses Phänomen kommt in großen Organisationen sehr häufig vor (z.B. die Marketingabteilung steht in Konflikt mit der Personalabteilung, eine Zweigstelle beschwert sich über die Zentrale usw.). Führungskräfte in Managementpositionen wären versucht, eine soziale Unternehmensfunktion zu beherbergen, um diese Grenzen auszuräumen, aber dieser Plan kann kontraproduktiv sein, wenn er nicht richtig geplant wird. Bei einem zwanglosen Firmenpicknick zum Beispiel, zu dem alle Mitarbeiter eingeladen sind, könnten sie weiterhin ihre Freunde aufsuchen und auf Cliquen zurückgreifen. Schlimmer noch, dies kann einen Kampf auslösen, da sich alle Mitarbeiter an einem Ort befinden.

Wenn Sie die Beziehungen zwischen Mitgliedern oder Mitarbeitern verbessern wollen, können Sie damit beginnen, Barrieren oder Marker zu identifizieren, die Menschen trennen, bevor Sie sie bei einer Teambildungssitzung oder einer sozialen Funktion zusammenbringen. Listen Sie die spezifischen Konflikte zwischen dem Team auf und lösen Sie sie mit den beteiligten Personen. Zum Beispiel können Cliquen im Büro durch sprachliche und kulturelle Barrieren verursacht werden. FI Wenn dies der Fall ist, können Sie gelegentlich Menschen verschiedener Rassen für bestimmte Aufgaben zusammenschließen.

Fördern Sie Transparenz und Ehrlichkeit in den verschiedenen, aber auch sehr technischen Abteilungen. Manchmal wird die Kluft größer, wenn zwei verschiedene Gruppen miteinander arbeiten sollen, aber eine von ihnen verwendet Fachausdrücke, wenn sie mit Nicht-Experten spricht. Entmutigen Sie diese Haltung unter den Mitarbeitern, insbesondere unter dem technischen Personal.

Es ist wahrscheinlicher, dass die Teammitglieder enge Beziehungen zueinander haben, wenn sie eine gute Beziehung zu ihrem Leiter haben. Wenn Ihr Team Beziehungen aufbaut, leiten und überwachen Sie sie entsprechend. Wenn sie wissen, dass sie eine Führungspersönlichkeit haben, die sie konsultieren und verstehen können, werden sie sich beim Aufbau von Beziehungen mit Gleichaltrigen sicher und geborgen fühlen.

Teambildung ist ein kontinuierlicher Prozess. Die Bestimmung Ihres Erfolgs erfolgt nicht in einer einzigen Sitzung. Und jede Organisation, die in Form bleiben will, sollte immer versuchen, ihre Teams zu verstärken. Dies kann nicht in einer einzigen Teambildungssitzung erfolgen. Letztendlich müssen sich die Führungskräfte daran erinnern, dass Teambildung ein langfristiger Prozess ist. Menschen treten einer Organisation in der Regel in der Hoffnung bei, so lange wie möglich zu bleiben, auf der Suche nach Wachstum und Selbstverwirklichung.

In diesem Sinne muss der Leiter darauf achten, die Teambildung als einen kontinuierlichen und dauerhaften Prozess zu etablieren. Es ist sinnlos, einen Teambildungsprozess einzurichten, nur um zu normalen Aktivitäten zurückzukehren, als ob es nie Teambildungsaktivitäten gegeben hätte. Im Laufe der Zeit sollten die Teambildungsaktivitäten entsprechend den Kompetenzen, Stärken und Schwächen der Mitglieder modifiziert werden. Teambildungsaktivitäten sollten im Verhältnis zu den Ergebnissen früherer Teambildungssitzungen geplant werden. Man sollte niemals davon ausgehen, dass erfolgreiche Teambildung nicht mit einer einzigen Sitzung aufhört. Teams und organisatorische Beziehungen müssen ständig gepflegt werden, wenn sie fortschrittlich und gleichzeitig stabil bleiben sollen.

Kapitel 5: Schwierige Zeiten und Konflikte effektiv bewältigen

Selbst die besten Führungspersönlichkeiten sind gezwungen, Hindernisse auf ihrem Weg zu finden. Tatsächlich haben es Führungskräfte nicht leicht, weil sie aufgrund ihrer Position ständig unter öffentlicher Beobachtung stehen. Jeder Fehler, den sie machen, wird vergrößert, und manchmal haben Führungskräfte das Gefühl, in alle Richtungen gezogen zu werden. Fehler sind unvermeidlich, denn Führung ist ein Lernprozess. Man macht Fehler, lernt aus ihnen und erhebt sich über sie.

Es ist immer gut, sich vorzubereiten, wenn man sich auf etwas einlässt - Hobby,

Karriere, Aktivität usw. Führung ist nicht anders. In der Führung gibt es einige Punkte, die man nicht vergessen sollte, um sich auf die Fallstricke vorzubereiten.

Eine der Fallstricke, die führende Politiker vermeiden müssen, ist mangelnde Konzentration.

Führung bedeutet nicht, dass Sie alle Aufgaben übernehmen oder dass von Ihnen verlangt wird, alles zu wissen. Als Führungskraft ist es Ihre Aufgabe, Ihr Team zu motivieren und alle Aktivitäten zu rationalisieren, um ein gemeinsames Ziel zu erreichen. Es ist Ihre Aufgabe, Ihr Team in die richtige Richtung zu führen. Ihr Team wird zu Ihnen aufschauen und darauf vertrauen, dass Sie es leiten. Sie können sie bitten, einige Dinge selbst zu tun, aber es ist Ihre Pflicht als Führungskraft, ihnen die Richtung vorzugeben. Es ist leicht, das Ziel aus den Augen zu verlieren, denn als Führungskraft werden Sie eine Reihe von

Aufgaben übernehmen. Oft ist es leicht, inmitten all dieser Aufgaben den Fokus zu verlieren. Führungspersönlichkeiten sollten immer daran denken, dass sie vor der Ausführung einer Aufgabe oder der Moderation einer Aktivität sicherstellen müssen, dass sie auf das gemeinsame Endziel ausgerichtet sind.

Das zweite Hindernis ist gefährlich. Viele aufstrebende Führungspersönlichkeiten beginnen mit dem Versprechen, eher zu dienen als bedient zu werden und das Wohlergehen anderer über ihr eigenes zu stellen. Aber dort oben zu bleiben ist schwierig, wenn es darum geht, Macht zu verwalten. Macht kann einen Führer betrunken machen. Führungspersönlichkeiten genießen Privilegien und Ansehen. Wenn man an der Spitze steht, kann man seine eigene Agenda leicht einschmuggeln und sie der ganzen Gruppe voranstellen. Führungspersönlichkeiten sollten diese Falle vermeiden, denn auch wenn sie anfangs glamourös erscheinen mag, wird sie letztendlich für die gesamte Organisation zerstörerisch sein. Wenn die Organisation auseinanderfällt, ist es meist der Leiter, der die erste Schuld auf sich nimmt. Sich selbst an die erste Stelle ihrer Prioritäten zu setzen, ist in schwierigen Zeiten besonders verlockend. Korrupte Politiker fallen in diese Falle. Sie haben jedoch in der Regel kein Happy End. In der Führung gibt es eine Menge Leibeigenschaft. Stellen Sie Ihre Organisation und Ihr Anliegen immer über Ihre persönliche Agenda.

Gute Führungskräfte haben die Augen eines Falken, wenn es um Details geht. Sie sorgen dafür, dass alle losen Enden verbunden und die kleinen Probleme gelöst werden. Das ist sicherlich eine gute Eigenschaft, aber wenn das zu weit geht, kann es sein, dass die Führungspersönlichkeit dazu neigt, die kleinsten und unnötigsten Dinge auf die Spitze zu treiben. Wie bereits erwähnt, sollten Führungskräfte nicht alle Aufgaben in ihren Teams erledigen. In der Tat kann es einige technische Dinge geben, die dem Leiter oder Manager möglicherweise nicht bekannt sind. Manchmal muss eine Führungskraft Dinge loslassen, um sich auf wichtigere Dinge zu konzentrieren. Wenn sich Führungskräfte zu sehr auf unnötige Details konzentrieren, verlieren sie den Blick für das große Ganze. Dadurch laufen sie auch Gefahr, den Fokus zu verlieren, was sie zum ersten Problem zurückführt. Führungskräfte müssen lernen, was die wichtigen Dinge sind, damit sie wissen, worauf sie sich konzentrieren müssen.

Da Führungspersönlichkeiten das gesamte Team leiten sollen, herrscht die Vorstellung, dass Führungskräfte unfehlbar sind. Manchmal geht dies an die Spitze mancher Führungskräfte.

Wenn sie einen Fehler oder eine schlechte Entscheidung treffen, können sie diese persönlich nehmen oder sich weigern, sie anzuerkennen. Beide Reaktionen sind ungesund, denn in Wirklichkeit können Führungskräfte immer noch Fehler machen. Führung ist ein Lernprozess.

Nicht alles, was Sie anfangs wissen, wird auf Ihren Kontext zutreffen. Sie müssen Ihre Urteile anpassen. Manchmal merkt man das erst, wenn man Fehler macht. Fehler sollten natürlich vermieden werden, aber wenn sie einmal da sind, sollten sie auch anerkannt werden. Führungspersönlichkeiten müssen ihre Fehler akzeptieren, um aus ihnen zu lernen und beim nächsten Mal bessere Entscheidungen zu treffen.

Führungskräfte werden auf Probleme stoßen, auf die sie vielleicht noch nie zuvor gestoßen sind. Bei einigen dieser Probleme kann es sich nur um geringfügige Abweichungen von den Problemen handeln, auf die sie normalerweise stoßen.

Andere sind völlig anders, etwas, für das sie keine unmittelbaren Lösungen haben. Unabhängig davon, wie neu diese Probleme sind, müssen Führungskräfte immer bereit sein, sich an jede Situation anzupassen, um das Überleben ihrer Organisation zu sichern. Konferenzen, Seminare und Workshops werden nur bis zu einem bestimmten Punkt kommen. Sie werden jedoch nicht für alle Probleme Lösungen bieten. Große Führungspersönlichkeiten sind in der Lage, mit den unvorhersehbaren Umständen, die auf sie zukommen, umzugehen.

Die Fähigkeit, Veränderungen anzunehmen, ist die wesentliche Waffe jeder Führungskraft, um die Organisation in die richtige Richtung zu lenken, auch wenn sie dabei ihren Weg aus den Augen verliert.

Führungspersönlichkeiten brauchen gesunden Menschenverstand, Kreativität und

Einfallsreichtum, um sich an unvorhersehbare Umstände anzupassen. Darüber hinaus besteht ein Teil der Anpassung an den Wandel darin, ineffektive Denkweisen loszulassen.

Gute Führungskräfte vertrauen der konventionellen Struktur, aber sie wissen auch, wann sie loslassen müssen, wenn sie unter bestimmten Umständen nicht funktioniert. Führungskräfte müssen sowohl der alten als auch der neuen Mentalität kritisch gegenüberstehen, um ständig nach besseren Wegen zu suchen, Dinge zu tun.

Mangelnde Kommunikation ist ein weiteres häufiges Problem, auf das Führungskräfte stoßen werden. Auch die Erfahrensten werden nicht verschont.

Neue Führungskräfte haben Kommunikationsprobleme, weil sie sich noch nicht mit ihren Teams vertraut gemacht haben. Erfahrene Führungskräfte können auf Kommunikationsprobleme stoßen, wenn sie zu selbstgefällig werden und sich weigern, ihrem Team zuzuhören, weil sie denken, sie wüssten bereits, wie man mit Angelegenheiten umgeht. Der Erfolg einer Organisation hängt weitgehend von der Interaktion ihrer Mitglieder ab.

Angesichts sich verändernder Zeiten und unvorhersehbarer Umstände besteht der sichere Weg, die Dynamik einer Organisation zu steuern, darin, die Kommunikationswege so offen und unvoreingenommen wie möglich zu halten. Führungspersönlichkeiten sollten versuchen, ihrem Team zu vermitteln, dass sie, auch wenn sie nicht immer mit allen ihren Mitgliedern einverstanden sind, für einen kommunikativen Dialog zugänglich und offen bleiben.

Eine starke und respektable Führung bedeutet nicht, dass es keine Herausforderungen und Hindernisse gibt. Es bedeutet einfach, dass die Führungskraft über die richtigen Fähigkeiten verfügt, um diese Hindernisse zu überwinden. Tatsächlich sind es diese Hindernisse, die darüber entscheiden, ob der Führer die Privilegien und Verantwortlichkeiten verdient oder nicht.

Konfliktmanagement/Konfliktbewältigung

Im Konfliktmanagement sind offene Kommunikationswege Ihre Medizin und ein zuverlässiges präventives Heilmittel. Schon bevor Konflikte entstehen, müssen die Führungspersönlichkeiten ein Umfeld schaffen, in dem jeder die Freiheit hat, seine Meinung auf die angemessenste und respektvollste Weise zum Ausdruck zu bringen. Führungspersönlichkeiten müssen gesunde Diskussionen während der Sitzungen und sogar in zwanglosen Gesprächen fördern. Dazu gehören alle Mitglieder der Organisation, unabhängig von Alter, Geschlecht, Rasse und Rang.

Selbst wenn es Meinungsverschiedenheiten gibt, sollte der Respekt in Diskussionen nicht verloren gehen. Jeder sollte ermutigt werden, sich auf die Unterschiede des anderen einzustellen.

Wenn ein Konflikt bereits besteht, sollten die Führungspersönlichkeiten den ersten Schritt tun, um die Wurzel des Konflikts zu erkennen und zu verstehen.

Es sollten keine harten Urteile gefällt werden, bevor nicht alle Parteien angehört wurden. Führungspersönlichkeiten sollten auch betonen, dass das Ziel des Verständnisses des Konflikts darin besteht, ihn zu lösen, nicht darin, ihn groß zu machen. Alle beteiligten Parteien sollten ermutigt werden, sich auf eine Lösung und nicht auf einen größeren Konflikt zu konzentrieren. Ermutigen Sie zu einer gesunden Konfliktlösung, um die Gruppendynamik zu verbessern und zu stärken, den gegenseitigen Respekt zu erhöhen und eine bessere Perspektive auf die gemeinsamen Ziele des Unternehmens zu gewinnen.

Bei der Konfliktlösung sollten führende Politiker vorsichtig sein, wenn es darum geht, die Schuld auf sich zu nehmen. Sie können dies tun, indem sie die Person von dem Problem trennen. Eine Person kann ein Problem verursachen, aber das gibt niemandem (auch nicht dem Leiter) das Recht, die Person als das Problem zu beschuldigen. Führungspersönlichkeiten, die in der Lage sind, die Probleme von den Menschen zu trennen, werden es vermeiden, der Beziehung dauerhaften Schaden zuzufügen.

Zuhören ist ein primärer Bestandteil der Konfliktlösung. Der Leiter muss verstehen, woher jede Seite kommt. Sie müssen das Recht erhalten, ihre eigene Position zu verteidigen, ohne die andere Partei zu beleidigen. Dabei muss der Leiter die Klärung von Fakten erleichtern. Vom Leiter als Vermittler wird Objektivität verlangt. Gleichzeitig muss er auf die Interessen beider Seiten hören. Dies wird einen besseren Einblick in die Gründe geben, warum sich die beteiligten Parteien auf eine solche Seite stellen.

Sobald sich alle Parteien geäußert haben, sollte der Leiter alle vorgelegten Informationen zusammenfassen und alle Fakten klären, die allen vorgelegt wurden. Eine Resolution kann nicht gebildet werden, wenn nicht alle mit den Fakten einverstanden sind. Fassen Sie die Aussagen beider Seiten zusammen und klären Sie ihre Gefühle.

Sobald sich alle über das Problem einig sind, können sich alle mögliche Lösungen ausdenken. Führungspersönlichkeiten sollten bedenken, dass es verschiedene

Möglichkeiten gibt, ein Problem zu lösen. Meistens müssen sich alle beteiligten Parteien verpflichten, sich auf halbem Wege zu treffen. Es gibt Zeiten, in denen die Position der anderen Partei wirklich unpopulär werden muss, vor allem, wenn diese Position jemanden in irgendeiner Weise übertrifft. Es gibt auch Lösungen, die allen Parteien das geben, was sie wollen, ohne das Risiko eines weiteren Konflikts.

Führungspersönlichkeiten haben ihren eigenen Stil der Konfliktlösung. Es gibt Führungspersönlichkeiten, die versuchen, Konflikte gänzlich zu vermeiden, während es einige gibt, die sich dem Problem frontal stellen, um es zu beenden. Welcher Stil auch immer gewählt wird, er muss auch zum jeweiligen Problem passen.

Wenn die Lösung ausgehandelt worden ist, müssen der Führer und die beteiligten Parteien Wege finden, um den Konflikt in Zukunft zu verhindern. Dadurch sollten auch stärkere Beziehungen zwischen den Kollegen aufgebaut werden.

Führungspersönlichkeiten sollten keine Angst vor Konflikten haben, denn sie können Gelegenheiten bieten, Ziele neu zu bewerten und Beziehungen zu stärken. Solange der Anführer über starke Fähigkeiten im Konfliktmanagement verfügt, sollte er oder sie keine Quelle schädlicher Spannungen sein.

DER GROSSE FÜHRER EXPERTEN FÜR LEADERSHIP

Besuchen Sie unsere Website! Holen Sie sich weitere Bücher von MENTES LIBRES!

https://www.amazon.de/MENTES-LIBRES/e/B08274DDV4?ref_=dbs_p_ebk_r00_abau_000000

Wenn Sie möchten, können Sie Ihren Kommentar zu diesem Buch hinterlassen, indem Sie auf den folgenden Link klicken, damit wir uns weiter entwickeln können! Vielen Dank für Ihren Kauf!

https://www.amazon.de/dp/B0891YM4R4

www.ingramcontent.com/pod-product-compliance
Lightning Source LLC
Chambersburg PA
CBHW050251220526
45465CB00002B/633